AF330443

GIOVANNI BOVIO

1883

LA FRANCE

Traduit de l'italien avec l'autorisation de l'auteur

PARIS

DENTU, LIBRAIRE-ÉDITEUR

17, PALAIS ROYAL, 17

1883

GIOVANNI BOVIO

LA FRANCE

Traduit de l'italien avec l'autorisation de l'auteur

PARIS

DENTU, LIBRAIRE-ÉDITEUR

17, PALAIS ROYAL, 17

1883

NOTE DU TRADUCTEUR

Ayant écrit à M. Bovio pour lui demander son autorisation le traducteur de cette brochure a reçu la lettre suivante :

Naples, le 30 juillet 1883.

Monsieur,

Vous avez parfaitement compris que si je n'ai pas flatté le gouvernement de la France, je n'ai pas maltraité le généreux peuple français. En comparaison de la grande histoire de la France ce gouvernement m'a paru petit.

Il importe que la démocratie française et la démocratie italienne et surtout les penseurs des deux peuples frères s'unissent pour ouvrir la voie au progrès de la civilisation.

En conséquence, non-seulement je vous permets de traduire en français ma brochure La France, mais je vous remercie de l'honneur que vous me faites. L'heure est propice pour cette traduction.

Agréez, etc.

GIOVANNI BOVIO.
Professeur, député au Parlement.

M. Giovanni Bovio, député au Parlement italien, est un jurisconsulte éminent, professeur de droit à l'université de Naples.

Il publie en ce moment chez l'éditeur Anfossi une histoire considérable du droit en Italie depuis l'époque romaine jusqu'à nos jours.

Il appartient à la gauche radicale du parlement italien.

En maintes circonstances, en des temps où il y a un certain mérite à le faire, il a manifesté publiquement ses sympathies pour la *République Française*.

On jugera par cette brochure de la hauteur de son esprit, de l'ampleur de ses opinions démocratiques.

On appréciera principalement dans les trois ou quatre dernières pages la valeur morale de l'homme.

Si la démocratie européenne comptait parmi ses personnages militants beaucoup de natures pareilles, les peuples en auraient bientôt fini avec leurs gouvernements plus ou moins anti-libéraux qui, se faisant un jeu des intérêts les plus considérables, paraissent conspirer unanimement contre les libertés publiques et refouler les peuples au delà du XVIIIe siècle.

Qu'on y prenne garde ; sous l'égide de la Prusse, les monarchies préparent une sorte de revanche contre l'esprit moderne. Elles réveillent, elles nourrissent ces aveugles et stupides haines nationales qui produisant la ruine commune cimentent les trônes avec du sang.

Ces pauvres peuples ! reconnaîtront-ils, un jour, la communauté de leurs intérêts ? Les verrons-nous enfin se tendre la main par dessus les frontières, les pieds sur les débris des couronnes, des thiares, des mitres et des sceptres ?

En France, à la veille de la Fédération, il y avait des Picards, des Bourguignons, des Bretons et des Gascons à peu près étrangers les uns aux autres et divisés par des rivalités haineuses. Un souffle puissant passa là-dessus, les divisions provinciales s'écroulèrent et il n'y eût que des Français en France.

Quelque naïf qu'il puisse paraître aux fins politiques de son temps, le traducteur de cette brochure, ne désespère pas de voir s'abaisser les frontières qui séparent les peuples et s'évanouir ces prétendues haines de race qui n'ont pas plus de raisons d'être entre les nations qu'elles n'en avaient entre riverains de la Garonne et riverains de la Seine.

Aux penseurs, aux vrais démocrates il appartient de préparer l'œuvre d'apaisement.

Aux conspirations des rois, pourquoi n'opposerait-on pas les coalitions des peuples ?

Avant que les excès des Terroristes et des Jacobins affolés eussent épouvanté les peuples et fourni des arguments au despotisme, avant surtout que le premier Napoléon nous harnachant de pied en cap, eût transformé la France en odieux instrument de conquête, tous les cœurs battaient pour nous, du Tibre à l'Oder et de l'Ebre à la Vistule. On voyait se lever sur la Seine l'aurore des temps nouveaux.

Les mêmes sympathies nous sont assurées si, revenant aux vraies traditions révolutionnaires, renonçant une bonne fois à tout esprit de conquête, nous inspirant uniquement de la déclaration des droits de l'homme, aussi respectueux de la liberté d'autrui que jaloux de la nôtre, nous restons fidèles au seul rôle qui puisse nous convenir, l'apostolat du Droit et de la Liberté.

Là est notre salut et notre gloire future.

A la politique de compression, à la politique de diplomate, à la politique militaire, à la politique anti-sociale, opposons cette bonne politique humanitaire qu'on a trop bafouée depuis quelque temps et à laquelle nous nous arrêterons par la force même de notre tempérament.

Ce n'est pas elle qui nous a perdus quoiqu'en aient dit les habiles, depuis nos derniers désastres. Nous avons pâti de l'usage faux qui en a été fait au nom du peuple de France.

Revenons aux traditions de 92 et à la politique des Girondins, nous rappelant ces mots du conventionnel Thuriot : « la révolution n'appartient pas à la France, elle en doit compte au monde entier. »

Quant à lutter sur le terrain diplomatique avec les monarchies voisines, il faut y renoncer absolument. Des bourgeois républicains sont impropres à une pareille besogne. Ils sont malhabiles d'abord, n'ayant pas été élevés pour ce difficile métier comme les lords d'Angleterre et puis, leur étiquette républicaine les signale à la malveillance pour ne pas dire à la haine collective de leurs partenaires.

Nous devons nous adresser aux peuples et traiter directement avec eux. Ils nous insultent ? Ils cèdent à des instigations trop faciles à deviner ? Allons à eux et désabusons-les.

Allons à eux et disons à ceux qui nous haïssent sans nous connaître : « Qui êtes-vous et qui sommes-nous ? Ne sommes-nous pas des hommes semblables ? N'avons-nous pas des intérêts communs, identiques ? Pourquoi nous égorger ? Dans l'intérêt de qui ? Réfléchissez, vous dites que nous sommes

vantards, orgueilleux, prétentieux ? Hélas !
Quel peuple n'a pas ces défauts au même de-
gré ? Pour l'Allemand il n'y a qu'une nation
au monde, la sienne ; pour l'Italien, c'est l'I-
talie ; pour l'Anglais, c'est l'Angleterre; pour
l'Américain, c'est l'Amérique ; pour l'Espa-
gnol, c'est l'Espagne et pour le Français, la
France. C'est une étrange faiblesse que de se
glorifier de sa nationalité au mépris de toutes les autres. Ce travers prend des propor-
tions colossales. Où en est donc la civilisation?

Les sages seuls, et ceux-là sont trop rares,
estiment que le bien et le mal, le juste et l'injuste se retrouvent côte à côte en tout pays
et que leur proportion relative ne varie pas
selon les latitudes, mais bien selon les gouvernements et les institutions.

Que dire de ces Français, journalistes in-
tempérants, voyageurs irritables et à courte
vue, publicistes grincheux et ridiculement
chauvins qui font le jeu de nos ennemis en
rendant piqûre pour piqûre, calomnie pour
calomnie, outrage pour outrage ? Se figurent-
ils par hasard travailler dans l'intérêt de leur
pays ? Ils sont les complices de l'Allemagne
et de toutes les monarchies hostiles à la
France ?

Serions-nous en droit de formuler des
plaintes, que nous ne devrions pas les expri-
mer, par sagesse politique, sous cette forme
générale, dans ces termes confus qui enlèvent

aux accusations tout caractère de justice et de vérité.

Quoi de plus inepte que de dire : « tel peuple est valeureux, généreux, intelligent, travailleur ; tel autre est faible, égoïste, étroit, paresseux ? » Toutes les nations ont leur contingent d'hommes bons et pervers ; toutes les nations ont eu leurs moments de grandeur et d'affaisement au gré de la fortune et des révolutions sociales. Telle est la vérité. Rien de plus facile que d'en faire la démonstration historique.

Et maintenant, sommes-nous fondés, nous Français républicains, à reprocher à l'Italie sa prétendue ingratitude ?

Le premier Bonaparte ne l'a conquise que pour l'atteler à son char impérial, comme le cheval de la fable qui voulait se venger du cerf ; pour la voler et la piller honteusement.

Le troisième Napoléon ne l'a aidée à sortir des griffes de l'Autriche que pour ne lui laisser qu'une demie indépendance, pour irriter son amour-propre national en imposant à Rome une garnison française, la maintenant sans justice au-delà du terme fixé par la convention du 15 septembre.

Or, le souvenir des injures est plus profond dans le cœur des hommes que celui des bienfaits.

Non, l'Italie ne doit rien au troisième Napoléon qui a humilié les Italiens en jouant chez eux je ne sais quel rôle de grand maître, protégeant le pape contre les patriotes Italiens et ces mêmes Italiens contre l'Autriche, comme pour se faire une arme de l'un vis-à-vis de l'autre.

Nous étions, il est vrai, à Magenta et à Solférino; mais que faisait le général français Lamoricière à Castelfidardo et que faisaient les troupes françaises à Mentana ?

Cette politique de fourberie et de bascule a eu pour nous des résultats néfastes.

Cessons donc de reprocher bêtement aux Italiens cette prétendue ingratitude. Nous les avons ulcérés à plaisir pendant quatre-vingt ans et aujourd'hui encore les hommes forts de la presse française ne cessent pas de les piquer, de les irriter en rappelant à tout bout de champ cette prétendue ingratitude, en donnant des conseils paternels à cette *jeune* Italie, si *jeune* et si ambitieuse.

Cette *jeune* Italie est une nation qui a du sang, précisément parcequ'elle est jeune ; et elle n'aime pas qu'on lui jette constamment à la figure cette épithète d'un air de protection.

Cette jeune Italie a en elle une foi ardente, une foi enthousiaste, dont la flamme n'existe plus chez beaucoup de nos bourgeois sceptiques, éteints. Ce peuple patriote, si en retard, si malheureux hier encore, est si avancé aujourd'hui qu'il nous a dépassés sur certains points.

Nous pouvons apprendre d'eux comment on se dégage de la gangrène cléricale.

Un dernier mot à l'adresse des Italiens. Nous, les *démocrates français*, irresponsables des fautes d'un gouvernement que nous avons en horreur plus que personne, déplorant les causes de division, les rivalités périlleuses qui tiennent les peuples dans un état de surexcitation redoutable pour tous, nous crions à l'Italie : Vous aussi vous êtes dans une mauvaise voie ; vous vous inspirez à une source dangereuse. Méfiez-vous des rois quels qu'ils soient et des rois leurs amis. Toutes les monarchies, surtout les jeunes, nourrissent les rêves d'Alexandre au grand péril de leurs sujets.

Notre présence en Tunisie vous irrite, vous inquiète ? Ce n'est pas une raison suffisante pour nous égorger comme les voleurs de la Fable. Laissez venir aux affaires ce quatrième état annoncé par M. Bovio et vous le trouverez singulièrement large dans les questions de politique annexioniste.

Ni extension, ni réduction, telle sera sa devise.

A MES AMIS

De la Démocratie Française

A Rome, à Gênes, à Naples, et de bien loin vous m'avez donné plusieurs témoignages de bienveillance. Je vous assure de mon estime en vous tenant le langage de la vérité.

La vérité est digne des hommes libres, elle tend à un but élevé, elle ne souffre pas du silence ou du dédain dont ses adversaires l'enveloppent; vous avez prouvé que vous le saviez.

La diversité des jugements portés en Italie sur le gouvernement de la France, invitait en quelque sorte un membre de la démocratie italienne à parler avec franchise. Si une étude attentive m'a amené à croire votre gouvernement petit, c'est qu'elle m'avait fait connaître la grandeur de votre histoire.

Quelque désaccord pourra exister encore entre nous; mais vous reconnaîtrez l'importance de l'idée que je me propose de développer.

« Depuis un siècle, la France est-elle une monarchie mêlée d'épisodes républicains, ou une république mêlée d'épisodes monarchiques? » Vous saurez mieux que moi prouver et conclure.

Tenez-moi compte des prémisses que je mets en discussion, et je souhaite qu'en récompense de vos luttes, vous puissiez voir les heureux destins réservés à votre pays.

Naples, le 18 juillet 1883.

GIOVANNI BOVIO.

Ce siècle qui depuis Hegel, Napoléon 1er et Wolfgang Gœthe, jusqu'à Darwin, Garibaldi et Victor Hugo a défié les plus hauts sommets de la pensée, de l'action et de l'art et qui a vu l'effet suprême de ces trois forces combinées — le pape découronné — ce siècle ne peut pas supporter un seul instant le bavardage des gens médiocres, quel qu'en soit le ton et en quelque lieu qu'il se produise. Seul le génie qui prend rapidement son essor peut se réclamer de ce siècle qui dévore les distances.

Vous voyez quelle est la pensée qui guide ma plume. Je n'ai pas la prétention de dire des choses qui donnent à réfléchir à une nation ou qui provoquent des applaudissements de quelques minutes. Je réponds avec la seule intention d'accomplir un devoir à l'égard de mes amis militants de la démocratie française que trop d'ennemis en Europe et en France entourent d'embûches. Je réponds aujourd'hui parce que l'amitié que je vous porte augmente en proportion du nombre d'ennemis que je vois croître autour de vous.

Je n'ai jamais cru que les vrais dangers, ceux qui ruinent un Etat, qui, faisant plus que de changer la forme du gouvernement, bouleversent

la fortune publique, proviennent des pièges des
ennemis : j'ai cru, au contraire, que tout gouvernement, comme toute nation et tout individu, porte
en soi sa destinée. Que meure ou vive un Chambord, qu'à cette larve de roi survive une demi
douzaine d'Orléans et de Bonapartes — parodie
des Louis et des Philippe — toutes ces choses qui
influeraient assez peu sur un petit Etat échappé
à l'histoire, doivent influer moins que rien sur la
fortune publique d'une grande nation. La question
n'est pas de savoir si en France les prétendants
sont nombreux ou non, s'ils descendent des races
magnanimes antérieures ou postérieures à la
grande révolution, ni si quelque moribond qui ne
vécut jamais, a osé donner à quelqu'un par testa-
ment un troupeau de peuples sous l'oripeau blanc,
et d'un peuple qui a fait l'épopée de la liberté : la
question est de savoir si l'action de la république
a été républicaine.

Telle est la question, honorés messieurs, la
seule qui peut avoir déterminé la conduite de
l'Europe à l'égard de la France.

Ces aimables et frivoles prétendants, qui ne dé-
passent pas d'un cheveu le niveau de la foule et
qui n'ont aucun titre à l'estime de la France, ne
peuvent avoir fait grand mal à votre république ;
ils seraient dignes de la couronne, s'ils avaient
su déchirer leur cocarde ; il convient de regarder
au cœur même de la république pour y trouver
ces couches adipeuses qui suspendent la vie ou
transforment l'adolescence en sénilité.

Savez-vous — à notre avis — pourquoi un d'Orléans, un Bonaparte, jetant leur bonnet, osent étendre la main sur la république française? Parceque elle pourrait s'appeler indifféremment république orléaniste ou bonapartiste; telle la voulurent Thiers et Gambetta; de même que La Fayette présenta un roi aux républicains, en leur disant : *Voilà la meilleure des républiques*; de même Thiers présenta aux bourgeois une république en leur disant : *Voilà la meilleure des monarchies.*

Il est assez difficile, en fait, de trouver un acte républicain accompli par la république : la politique intérieure a été orléaniste, et bonapartiste la politique extérieure; des deux dynasties malfaisantes devait résulter la troisième république française! Ni Machiavel même, ni les ambassadeurs vénitiens ne sauraient distinguer un Barthélemy d'un Rouher.

Thiers qui traduisit le mot de république par *maladie publique* — peste ou choléra — porta dans le gouvernement toute la panacée de la politique de compression qui est le propre des monarchies dépourvues et vides d'honneur.

Avec les vieux lieux communs du *juste milieu*, loin d'ouvrir, par une évolution sage et courageuse, le gouvernement à la démocratie, cette république a déployé sa valeur des fusillades de Satory à l'expédition des Kroumirs ; aussi, à l'intérieur, elle s'est séparée du peuple ; au dehors, elle s'est isolée des nations voisines. Les ministres de la monarchie, de Richelieu à Cavour, ont jugé assez souvent qu'on pouvait faire de la bonne politique avec des hardiesses opportunes. Cette république a été hardie elle aussi, mais contre les faibles.

Vous vous rappellerez qu'en 1319 les six cents nobles de la république de Venise fermèrent la barrière du grand conseil et mirent les autres à la porte. Alors peut-être, ce fut sage. Mais si en 1870 la république bourgeoise a voulu établir une barrière autour de la plutocratie de banque et jeter le peuple hors du gouvernement, elle a commis une faute inqualifiable contre le siècle et contre la France, où ni les banquiers, ni les avocats, ni les prétendants, ni les jésuites, ne fermeront une heure seulement la *déclaration des droits de l'homme*.

Aucun jésuite, vous le sentez mieux que personne, ne pourra voiler à la France ses glorieuses traditions scientifiques, depuis le *syntagma philosophicum* de Gassendi et le *Discours sur la méthode* de Descartes.

Omnia ut adspicerent quem sæcula nulla tacebunt,

jusqu'à l'exposition du système du monde de Pierre-Simon Laplace, jusqu'au traité de chimie d'Antoine-Laurent Lavoisier, jusqu'à ce Georges-Léopold Cuvier qui, après avoir publié les *Leçons d'anatomie comparée*, vint dans notre Italie organiser les universités de Turin, de Gênes, de

Toscane et plus tard l'université des états pontificaux réunis à l'empire, tandis que l'Italien Joseph-Louis Lagrange étonnait Euler par la solution du problème des isopérimètres, tandis qu'avec la mécanique analytique et la philosophie du calcul intégral, il portait la lumière et la splendeur à l'école polytechnique de Paris et vous formait Lacroix.

Aucun jésuite ne peut projeter l'ombre sur l'éclat de ces trois siècles.

Il n'existe dans le monde ni prétendants, ni banquiers capables d'arracher la France à sa tradition politique depuis la démolition de la Bastille jusqu'aux journées de juillet. Et si avec les pierres de la Bastille on a construit sur la Seine le pont Louis xvi, cela ne signifie pas qu'en moins de trois générations une nation héroïque a vieilli ou que l'histoire de France a fait volte face. Les tartuffes en retard qui adorent le *sacré-cœur* doivent sentir qu'à Paris le cœur de Victor Hugo bat encore à l'unisson avec les oscillations de l'humanité.

Il est donc apparent que ni cette république, ni les prétendants ne sont l'expression du génie de la France, que ni l'une, ni les autres ne comprennent l'histoire de votre pays.

Considérons la république et l'histoire.

Qu'a fait la république pour être aimée en France et estimée en Europe ? Je ne veux pas rééditer cette formule abstraite de Montesquieu que les monarchies vivent d'honneur et les républiques de gloire. Je veux savoir quelle est la vraie gloire des républiques.

Si de nos jours les républiques viennent se substituer aux monarchies, elles doivent réussir à se justifier non-seulement à l'égard du pouvoir absolu qui a vaincu la féodalité, mais encore à l'égard des monarchies représentatives qui ont vaincu le principe absolu et ont appelé la nation à participer au gouvernement ; elles doivent montrer par des faits qu'elles ne viennent pas se substituer au système représentatif dans la forme mais dans les principes ; c'est-à-dire que dans la politique intérieure, elles doivent éliminer ces privilèges qui ne peuvent être détruits par aucune monarchie ; elles doivent faire accepter le gouvernement comme le moindre des maux ; dans la politique extérieure, elles doivent aider à l'émancipation des peuples voisins pour rendre possible une première fédération des Etats libres. Sans cela ce n'est pas la peine qu'une révolution substitue une république à une monarchie représentative.

Est-ce là ce qu'a fait la république française ? Les occasions lui ont elles manqué depuis le congrès de Berlin jusqu'au bombardement d'Alexandrie, ou bien a-t-elle cherché à rivaliser avec les Etats monarchiques, opposant invasion à invasion, rançon à rançon, prétexte à prétexte et renouvelant en république la politique des rois ? Ce n'est pas que je rêve de gouvernements généreux ; j'admets les gouvernements politiques, mais je distingue la politique royale de la politique républicaine, comme je distingue la république — le moins mauvais des gouvernements — de la plutocratie bourgeoise qui fait de la politique un expédient, de la religion une affaire, de l'Etat une banque.

Les effets sont tristes. La situation de l'Europe bien considérée dans son ensemble, il était plus aisé à la France d'isoler l'Allemagne qu'à l'Allemagne d'isoler la France. Et c'est l'inverse qui s'est produit. La bourgeoisie qui n'a pas la vue longue parce qu'elle ne voit guère plus loin que la caisse et la bourse, a dû surpasser toutes les erreurs des vieilles monarchies pour ne pas savoir en treize ans prendre la revanche, pour perdre son temps à déclamer au lieu de se préparer, pour rêver de conquêtes coloniales avec l'ennemi chez elle, pour envoyer au loin ses armées avec des frontières sans défenses.

Une république qui envoie ses soldats en Afrique et en Asie et provoque l'inconnu, tandis qu'elle a sur son territoire non l'étranger, mais l'ennemi, le vainqueur, en est réduite à compter les minutes de l'agonie d'un Chambord et à transmettre la chose à l'Europe, comme s'il s'agissait de l'agonie de Napoléon Ier. — Une république qui dérobe à Hudson Lowe le métier de compter les heures d'un prince moribond !... L'Angleterre le faisait pour le vainqueur des rois et vous pour Chambord.

Votre excuse est que cette république est née

dans de mauvaises conditions, non dans le pays, par l'effet d'une évolution, mais à la frontière à la suite de la débacle ; elle paraît être une importation de l'ennemi triomphant plutôt qu'une explosion consciente de la nation française.

C'est ici qu'il faut expliquer l'histoire de votre pays.

Je comprends votre histoire d'une manière quelque peu différente de la manière ordinaire. Depuis la grande Révolution, depuis la déclaration des droits de l'homme, les trois dynasties qui sont survenues ont été des déviations, la république est votre voie naturelle. En d'autres termes, votre histoire depuis un siècle est l'histoire de la république, les dynasties en forment les épisodes. Guerre ou révolution, au dedans ou à la frontière, après toute catastrophe dynastique la république a reparu.

Tant que la république conservera le caractère d'une évolution dégradante du tiers Etat, elle donnera des coteries bourgeoises qui se disputeront tour à tour le pouvoir, elle donnera un pouvoir fait à l'image de la royauté, un pouvoir qui substituera le panache au blason, le palais bourgeois au donjon, l'intrigue aux prétentions du droit divin et qui, dans les banquets républicains, continuera royalement à traiter le peuple de canaille. A travers les coteries, les panaches, les coalitions infimes, il sera possible encore, il sera même nécessaire qu'un prétendant s'ouvre une voie et ressaisisse le sceptre. Et l'épisode monar-

chique annoncé par une hausse de la Bourse, re-
paraîtra dans l'histoire française. Il durera peu.
Lorsque le tiers Etat, c'est-à-dire, lorsque la
royauté bourgeoise et la république bourgeoise
auront accompli leur évolution, la république re-
paraîtra, elle sera la quatrième, mais elle ne sera
pas bourgeoise. Cela est naturel, c'est l'histoire de
la France, c'est l'évolution de la plus grande des
révolutions ; que le comte de Paris, le prince Napoléon et messieurs les ministres qui au lieu de
regarder au dedans vont se distraire en Tunisie
ou au Tonkin, se le tiennent pour dit.

Ils se distraient en étendant la main comme
des ombres et non comme des héros ; mais leur
ruine sera la catastrophe de la bourgeoisie, non
de la république.

Ainsi parle votre histoire interrogée avec un
esprit serein. Les trois républiques françaises
forment l'évolution du tiers état ; la disgrâce des
républiques bourgeoises produit les épisodes monarchiques et l'absurdité des vieilles monarchies
rouvre l'évolution de la république. Si ce raison-
nement était faux, l'histoire de la France serait
depuis un siècle, une fantasmagorie, une nuit du
Valpurgis. Que la troisième république bourgeoise
qui a un prétendant en face y réfléchisse, que le
prétendant qui porte sur ses épaules une république démocratique y réfléchisse également.

Républicain par l'effet d'une conviction fruit de
l'étude, je ne suis pas le seul à penser que la monarchie traditionnelle de la France a pris fin avec

la décapitation de Louis XVI, avec la déclaration des droits de l'homme, avec cette révolution qui fut finalement le corollaire de toute la renaissance et la base de toute l'histoire contemporaine. C'est l'opinion du plus grand philosophe et du plus grand guerrier du commencement de ce siècle, d'Hégel et de Napoléon Ier.

Dans la *Philosophie de l'histoire*, Hégel conclut comme il suit le chapitre sur la seconde guerre punique : *une révolution obtient sa consécration et est publiquement reconnue lorsqu'elle se renouvelle ; si Napoléon tomba deux fois, les Bourbons furent deux fois renversés ; en se répétant, ce qui paraissait accidentel et seulement possible devient une réalité et une condition définitive.*

Vous voyez donc, d'après Hégel, qu'elle est votre condition définitive dans l'histoire, et n'oubliez pas que le philosophe de Stuttgart ne fut nullement favorable à votre grande révolution.

Comme un ministre le félicitait d'avoir mis un terme à la révolution, Napoléon Ier lui répondit : *Non : j'ai mis seulement un signet ; après moi on tournera la page et la révolution recommencera.*

Cela revient à dire qu'à partir de la déclaration des droits, l'histoire française sera l'histoire de la révolution, au courant de laquelle les dynasties pourront reparaître comme des épisodes malheureux.

Le premier épisode malheureux a été fourni par le premier Empire. Quel roi se jugera capable de se maintenir sur la terre de France depuis la chute du premier Bonaparte et se jugera capable d'y régner plus longtemps que lui ! Votre Montesquieu disait qu'Annibal pouvait trouver partout Capoue, comme Charles XII Pultawa ; qu'il me soit permis d'ajouter que Waterloo pouvait être partout pour Napoléon Ier. La chute était fatale ; l'heure et le lieu ne changeaient pas le destin historique.

La page avait tourné et l'histoire de la Révolution avait dépassé le signet posé par Napoléon Ier, puis par l'irrésolu Charles X, puis par le bourgeois Louis Philippe, puis par *l'imperator uxorius* Napoléon III ; un point quelconque de la terre pouvait être Sedan.

Les Panurges de la politique allemande qui aujourd'hui glorifient ouvertement le comte de Paris, ceux qui en d'autres temps conseillaient secrètement l'occupation française en Tunisie, avec le dessein de préparer un autre épisode humiliant pour l'histoire de France, c'est à dire de substituer à la république bourgeoise les momies de la monarchie bourgeoise, ces Panurges se préoccupent sans doute de la politique du moment et de l'opportuinité immédiate ; plus la France descend, plus ont de durée l'occupation allemande en France et l'hégémonie allemande sur l'Europe continentale; mais pourvoient-ils, ces Panurges, à une politique plus large, à celle qui remplit au moins une période de vingt ans? Je ne le crois pas : en précipitant l'histoire de la France, ils vont, les imprudents, se buter de front contre cette république démocratique qui donnera bien à penser aux monarchies de l'Europe. A moins que les Panurges n'aient la force de rayer la France de la carte d'Europe — force qui manquerait à dix Césars coalisés pour une guerre commune dans les Gaules. — En évaluant vers une quatrième république la révolution française est destinée à transformer les états européens, tant au point de vue de leurs frontières naturelles que de leur organisation intérieure.

Vous me demanderez si je fais de la philosophie de l'histoire sur les affaires de votre pays. Peut-être, mais je le fais pour le service d'un intérêt commun, m'inspirant des prévisions de vos grands hommes, depuis Montesquieu jusqu'à Napoléon Ier; je le fais parce que une philosophie de l'histoire appuyée sur des documents inspire quelquefois une bonne politique qui affranchit les esprits de l'empirisme du moment, alors qu'il est nécessaire que quelques-uns regardent au-delà des petits triomphes du jour, au delà des catastrophes attendues; je le fais, parce que en épiant ce qui se passe chez vous, je ne crois pas avoir tout à fait perdu de vue les choses de mon pays.

Peut-être qu'en songeant, dans la sérénité de mon esprit, aux affaires de l'Italie, jai reconnu le caractère et les mœurs de cette bourgeoisie qui détient aujourd'hui le gouvernement et constitue comme disait Fuscolo :

La savante, la riche, l'aristocratique population,
Ornement et âme du beau royaume d'Italie.

Je n'ai jamais appelé ce gouvernement ni *tyrannie bourgeoise*, ni régime de liberté. J'ai vu quel était le propre de cet ordre ou de cette classe sociale quand elle se saisissait du pouvoir : l'absence de toute initiative, en abandonnant au peuple toutes les initiatives du siècle.

Ainsi, dans les questions politiques, elle préfère les surprises et les coups de théâtre aux projets louables aux discussions larges et opportunes ; dans les questions sociales, elle préfère les jeux de bourse à l'extention de la richesse nationale ; dans les questions militaires, elle a réussi à humilier les armées régulières, si coûteuses, en abandonnant les victoires et les entreprises glorieuses, aux volontaires ; dans les questions religieuses elle a réussi à blesser l'Eglise, sans qu'elle ait su ni s'en servir ni la supprimer. Ainsi, tandis que dans la capitale, elle garde le pape, prisonnier qui conspire en toute liberté, elle laisse sa frontière ouverte aux Autrichiens et la mer aux émigrants.

Dans les sciences, sa presse reproduit depuis vingt ans un positivisme dont elle redoute les conséquences, elle se maintient dans une demie logique, expression de la demie pensée qui donne un demi caractère et une moitié d'homme ; dans la politique, qui est proprement celle des monbreux gazetiers, elle est savante dans l'art des convenances mesquines, des insinuations doucereuses, des mensonges dont le démenti est tout prêt, des flatteries intarissables à l'égard du *bon sens,* c'est à dire du *sens bourgeois* qui est la vulgarité dorée et qui dans la langue des *salons* est si leste, si équivoque, si vide.

Les propos stéréotypés de ces enrichis me rappellent une pensée du comte de Cavour : *Les puissants et les riches sont dépourvus d'une moitié des idées et des sentiments du genre humain.* Il leur manque la meilleure moitié. J'ajoute :

Les meilleurs de cette classe, les hommes valeureux qui dirigèrent l'insurrection nationale, à cause même de leur valeur, sont tenus à l'écart du gouvernement de l'Etat. Les uns se sont résignés, en voyant que la bourgeoisie veut le gouvernement de la médiocrité, les autres luttent encore avec le bulletin de vote. Contre ceux qui ne voulaient pas immobiliser l'Etat et contre la démocratie appliquée à le transformer, s'est organisée cette grande et soporifère coalition de bourgeois que dans mes réflexions sur vos affaires, j'ai désignée, comme un transformisme. L'une et l'autre bourgeoisie refont le code pénal, sans se préoccuper le moins du monde de la cause immanente des crimes, sans songer même que, souvent, ce qui est un crime à l'égard de la caste, n'en est pas un à l'égard de l'humanité, à l'égard du siècle.

Ainsi, j'ai traité des affaires de votre pays et du nôtre avec la même sincérité.

Je sais que ce franc langage provoque la haine insidieuse de la classe dominante appuyée sur le gouvernement, la fortune et l'autel. Mais celui-là n'a rien à craindre qui a mis la fortune sous ses pieds pour aller à la recherche de la vérité, trouvant dans cette recherche cette persuasion, que la vraie force, destinée au triomphe suprême, n'appartient pas à celui qui perd l'initiative ou l'abandonne à autrui, mais à celui qui s'en empare et la déploie dans le champ de l'histoire. Il apparait alors clairement que le gouvernement des hommes sans initiative n'avance pas, mais qu'il tourne sur place jusqu'à ce qu'il s'engloutisse.

Je ne méconnais pas, je ne nie pas le mérite d'une classe sociale, je ne substitue pas la haine à l'histoire, je n'ignore pas les causes, la nécessité, les bienfaits de l'avènement de la bourgeoisie dans l'histoire, je pense moi aussi que l'avènement du tiers état a justifié la révolution française, délivré la propriété des droits féodaux et de la main morte, affranchi la pensée et la presse, préparé au peuple les droits du citoyen, à l'individu, les droits du sage et que, volontairement ou non, il a ouvert la voie au quatrième état. Tout cela est indéniable, c'est l'épopée des temps nouveaux, c'est une succession rapide de livres, de déclarations, de protestations, d'insurrections, de chaînes et de gibets. Jusqu'à la proclamation de l'état nouveau et de la souveraineté nationale, jusqu'à l'élimination du pouvoir temporel banni de la civilisation, toute initiative de la bourgeoisie, avant d'être couronnée par le succès, a été consacrée par un martyrologe.

Cela est beau, cela est héroïque ; l'état bourgeois date de ce temps ; dès lors, plus d'initiative;
l'inertie à titre de défense ; dès lors, s'est consti-
tuée la féodalité de la finance, tantôt impudente,
tantôt latente, toujours corruptrice, en monarchie comme en république ; alors a apparu la nécessité de reprendre l'évolution de la déclaration
des droits de l'homme, pour substituer la valeur
de l'individu à la souveraineté de la finance.

C'est pourquoi il me paraît de toute évidence
que ces gouvernements bourgeois sont à leur déclin. Il est possible qu'après ce déclin nous
ayons encore quelques heures de nuit réaction-
naire, et puis ? Il y a dans l'esprit de l'homme
tout un bagage scientifique nouveau ; il y a dans
l'histoire les éléments complets d'une évolution
humaine ; la nature porte toutes les empreintes
du triomphe humain ; la conscience humaine est
en possession de toute sa force, la foi dans la
souveraineté de l'homme est absolue.

Ici, les gouvernements qui descendent; là, un
grand idéal qui grandit au-dessus de toutes nos
misères, qui dissipe les coteries, les coalitions,
les bavards et les sectaires, et les armées elles-
mêmes si elles défendent une cause injuste, et les
rois eux-mêmes s'il se méfient des peuples, et les
républiques elles-mêmes si elles trahissent les
peuples.

C'est un idéal qui grandit, qui depuis plusieurs
années va en s'élargissant sur le monde européen;
un idéal qui renferme l'équilibre des droits et des

devoirs, proportionnant toute souveraineté à la responsabilité, tout travail au capital. A la nation qui saura le mieux se l'approprier — pas à une autre — est réservée l'hégémonie morale en Europe.

Telle m'apparaît l'œuvre des derniers vingt ans de ce siècle qui depuis Hégel, Napoléon 1er et Wolfgang Gœthe, jusqu'à Darwin, Garibaldi et Victor Hugo, a défié les sommets de la pensée, de l'action et de l'art, donnant, comme résultat suprême de ces trois forces combinées, le découronnement du pape.

NICE. — IMPRIMERIE NOUVELLE, J.-B. BERNA ET N. BARRAL

3, *Place des Platanes,* 3